MÉTHODES INSTRUMENTALES

FastTrack®

aduit de l'anglais par Cédric Barth

Electrique ou Acoustique

Guitare 2

INTRODUCTION

T0081905

Pourquoi avoir acheté ce second volume ?

Vous l'avez acheté parce que vous prenez plaisir à jouer de la guitare. Et nous en sommes heureux — c'est un bel instrument !

Nous supposons que vous avez déjà lu (et relu quelques centaines de fois) *FastTrack*® **Guitare 1**. Si ce n'est pas le cas, nous vous conseillons de commencer par là. (Ça nous embêterait d'aborder des notions pour lesquelles vous n'êtes pas encore prêt.)

En tout cas, cette méthode reprend les choses là ou le **volume 1** les avait laissées. Vous allez apprendre beaucoup de nouveaux accords et de nouvelles notes, ainsi que de nombreuses techniques très utiles. Et, bien sûr, la dernière section de tous les *FastTrack*® est la même afin que vous puissiez former un groupe avec vos amis et faire un bœuf !

Alors si vous vous sentez toujours prêt à vous lancer dans cette méthode, finissez votre pizza, sortez le chat, débranchez le téléphone, et allons-y pour une jam… Ayez toujours à l'esprit les trois règles d'or : être **patient**, **s'exercer**, trouver son **rythme**. Nous en ajouterons une quatrième à la liste : soyez **fier de vous** quand vous avez réussi quelque chose.

Á PROPOS DU AUDIO

Nous sommes heureux que vous ayez remarqué le bonus qui accompagne cette méthode –pistes audio ! Tous les exemples musicaux du livre se retrouvent sur le audio pour que vous puissiez les écouter et vous en servir comme accompagnement quand vous serez prêt. Ecoutez le audio chaque fois qu'apparaît le symbole : ◆1

Chaque exemple du audio est précédé d'une série de clicks qui indique le tempo et la mesure. Sélectionnez le haut-parleur de droite sur votre chaîne stéréo pour écouter plus particulièrement la partie de guitare ; sélectionnez le haut-parleur de gauche pour écouter seulement l'accompagnement. Quand vous serez plus sûr de vous, essayez de jouer la partie de guitare avec le reste du groupe. (Rappelez-vous d'utiliser la piste 1 [◆1] pour vous aider à vous accorder avant de jouer).

Pour y accéder, utilisez l'adresse suivante:
www.halleonard.com/mylibrary

5480-0265-5305-5716

ISBN 978-90-431-0361-9

Copyright © 1997 by HAL LEONARD LLC
International Copyright Secured   All Rights Reserved

No part of this publication may be reproduced in any form or by any means without the prior written permission of the Publisher.

Visit Hal Leonard Online at
www.halleonard.com

Contact us:
Hal Leonard
7777 West Bluemound Road
Milwaukee, WI 53213
Email: info@halleonard.com

In Europe, contact:
Hal Leonard Europe Limited
42 Wigmore Street
Marylebone, London, W1U 2RN
Email: info@halleonardeurope.com

In Australia, contact:
Hal Leonard Australia Pty. Ltd.
4 Lentara Court
Cheltenham, Victoria, 3192 Australia
Email: info@halleonard.com.au

LEÇON 1

Transposez au lieu de transpirer !

Commençons avec quelque chose de facile et d'amusant – de nouveaux power chords ! Les power chords sont un élément essentiel du jeu de guitare Pop/Rock, alors allons-y…

Modèles de power chords transposables

Dans le **tome 1**, nous avons vu trois power chords de deux notes chacun : E5, A5 et D5. En utilisant les nouveaux power chords que nous allons vous apprendre, vous pourrez jouer tous les autres ! Cela semble beaucoup mais les accords de base représentés ci-après sont **transposables**. C'est-à-dire qu'en conservant vos doigts dans la même position, vous pouvez promener votre main le long du manche de votre guitare pour jouer beaucoup, beaucoup d'autres power chords. Voici comment…

Regardez les photos et les schémas qui figurent ci-dessous. Pour l'instant, peu importe la case sur laquelle vous commencez. Observez simplement les positions à deux ou trois notes et leurs **fondamentales** respectives (cordes les plus basses).

Fondamentale sur la 6ème corde   Fondamentale sur la 5ème corde

Version à deux notes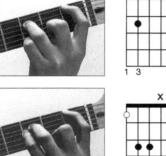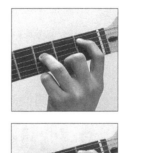

Version à trois notes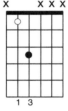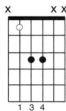

> OPTION : Vous pouvez choisir entre la version à deux ou trois doigts. Il s'agit pratiquement du même accord alors utilisez celui qui sonne le mieux ou avec lequel vous vous sentez le plus à l'aise.

Quel nom lui donner ?

On nomme un power chord d'après sa note fondamentale ; le suffixe utilisé est « 5 » (les power chords sont parfois appelés « accords de quinte »). Si vous voulez jouer C5, trouvez le Do sur la corde 5 ou 6 et appliquez les positions vues plus haut. Enchaînez avec D5 simplement en avançant votre main de deux frettes. C'est le principe des **accords transposables**.

Le diagramme ci-dessous vous donne les notes correspondant à toutes les positions possibles de vos doigts sur les douze premières cases des cordes 5 et 6.

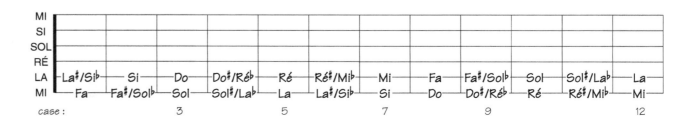

MI												
SI												
SOL												
RÉ												
LA	La♯/Si♭	Si	Do	Do♯/Ré♭	Ré	Ré♯/Mi♭	Mi	Fa	Fa♯/Sol♭	Sol	Sol♯/La♭	La
MI	Fa	Fa♯/Sol♭	Sol	Sol♯/La♭	La	La♯/Si♭	Si	Do	Do♯/Ré♭	Ré	Ré♯/Mi♭	Mi

Avez-vous compris le truc ?

Pour être sûr que cette notion de « transposition » soit bien claire dans votre esprit, développons un peu. Etudiez les accords ci-dessous en étant particulièrement attentif à leurs noms et à la position de leur fondamentale.

Accord	Corde de la Fondamentale	Case de la Fondamentale	Diagramme
F5	6	1	
G5	6	3	
A5	6 ou 5	5 ou à vide	ou
Bb5	5 ou 6	1 ou 6	ou

Let's jam !

CONSEIL : Veillez à ne jouer que les cordes sur lesquelles appuient les doigts de votre main gauche. Et une dernière chose – montez le son !

❷ Montez sur Scène

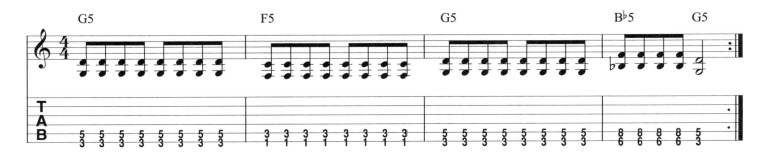

☞ Evitez les crampes à votre main gauche en relâchant légèrement la pression des doigts pendant que vous glissez d'un accord à l'autre.

Entraînez-vous maintenant à passer des cordes 5 à 6 et inversement...

◆3 It Used to be Mine

◆4 Pop 50's

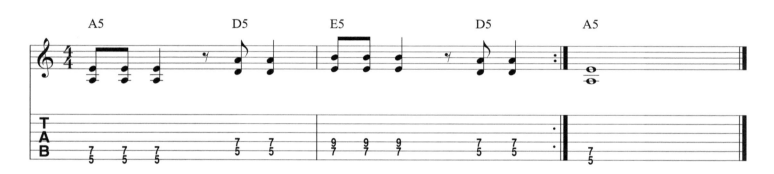

◆5 Rock All Night

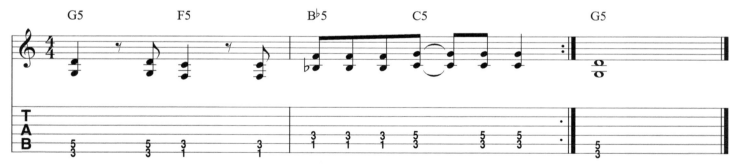

◆6 Sweet and Low

Vous avez compris le truc, alors jouons le prochain morceau un peu plus vite ! Servez-vous des accords de trois notes pour celui-ci...

❼ Guitare Alternative

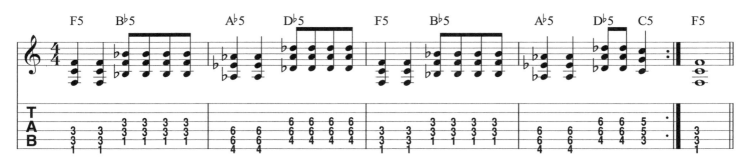

Cordes étouffées

Étouffer les cordes, c'est se servir de la paume (ou la tranche) de la main droite pour rendre ces cordes « muettes ». Utilisez cette technique lorsque vous rencontrez l'abréviation P.M. (de l'anglais « Palm Muting ») sous les notes (entre la portée et la TAB). Vous obtiendrez un son plus épais, plus percutant.

L'étouffement des cordes rend bien avec les power chords et un peu de **distorsion**. (Si vous n'avez pas de guitare électrique ou de pédale de distorsion – pas de problème ! Ça reste un bon son.) Essayons cette technique...

❽ Groove Étouffé

Comme son nom l'indique, un **signe d'accentuation** (>) inscrit au-dessus ou en-dessous d'une note signifie qu'il faut l'accentuer. C'est-à-dire que vous devez jouer cette note ou cet accord légèrement plus fort que les autres.

❾ Summer Lovin'

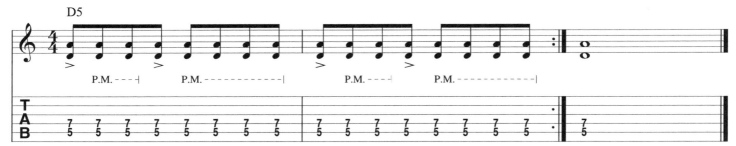

UN PEU PLUS VITE MAINTENANT

Que faire si vous avez envie de jouer plus vite que des croches mais avec le même tempo ? Bienvenue dans le monde des doubles-croches.

Les doubles-croches

Elles portent deux fanions ou une double barre horizontale :

Le silence correspondant se nomme un quart de soupir et ressemble au demi-soupir mais avec (vous l'aviez compris) deux fanions : ⅞

Beurk, encore des maths...

Deux doubles-croches sont égales à une croche, et quatre doubles-croches sont égales à une noire. Voici un diagramme montrant la relation entre les différentes valeurs rythmiques que vous avez apprises :

Pour compter les doubles-croches, continuez de découper le temps en comptant « qua-tre dou-bles, qua-tre dou-bles, qua-tre dou-bles,... » :

qua-tre dou-bles, qua-tre dou-bles, qua-tre dou-bles, qua-tre dou-bles

Ecoutez le morceau n°10 (avec des clicks sur chaque noire) pour entendre ce nouveau rythme plus rapide.

❿ De Plus En Plus Vite

Essayez de le jouer maintenant. N'oubliez pas de jouer doucement au début et de n'accélérer le tempo qu'une fois que vous serez à l'aise avec l'exercice.

C'est difficile de suivre avec la main droite, hein ? SOLUTION DE FACILITÉ : grattez vos cordes en descendant (■) et en remontant (V) dans l'exemple qui suit.

11 En Alternance

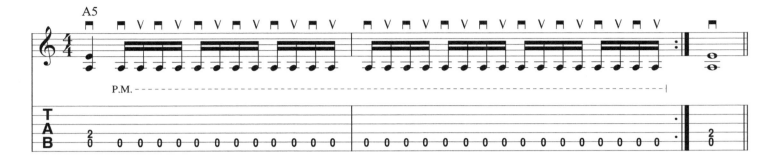

Essayez des doubles-croches avec deux de vos power chords...

12 Double Power

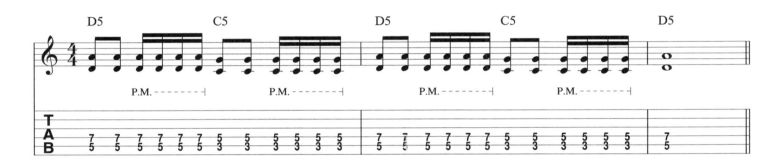

Bien évidemment, vous pouvez appliquer le rythme des doubles-croches aux six cordes. Travaillez votre technique d'attaque des cordes en descendant et en remontant avec ces quelques accords du Volume 1 :

13 Rythmique en Doubles-croches

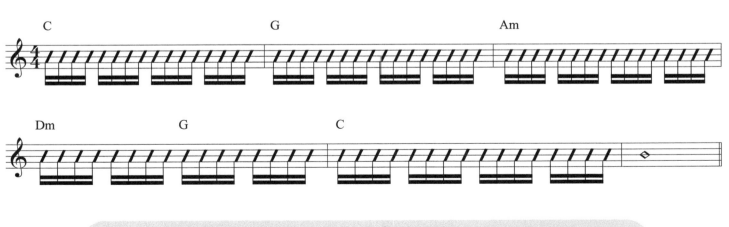

☞ Nous vous encourageons à faire des pauses régulièrement.
Prenez cinq minutes et on se retrouve pour la Leçon 2.

LEÇON 2
La guitare est faite pour l'accompagnement...

Dans le Volume 1, vous avez appris plusieurs **accords ouverts** (accords qui comportent des cordes jouées à vide) : C, G, D, Em, Am et Dm. Les accords ouverts sont à la base du jeu de guitare, quelque soit le style. Alors que diriez-vous d'en apprendre d'autres ?

Nouveaux accords : E et A

Ces deux-là sont faciles, mais ils peuvent évoluer vers des schémas plus complexes – soyez patient...

E

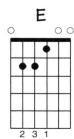

Celui-ci ressemble à Em, mais on y ajoute la case 1 de la corde 3 :

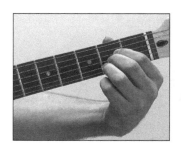

A

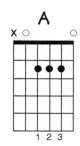

Avec celui-là, vos doigts risquent de se sentir un peu à l'étroit.

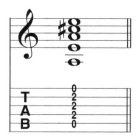

CONSEIL : Si vos doigts sont trop serrés sur l'accord A, il vous reste l'option retenue par de nombreux musiciens rock – écrasez l'index à plat sur les cordes 1-4 et ne jouez pas la corde 1.

Essayez vos nouveaux accords avec quelques anciens :

14 Guitare Rythmique

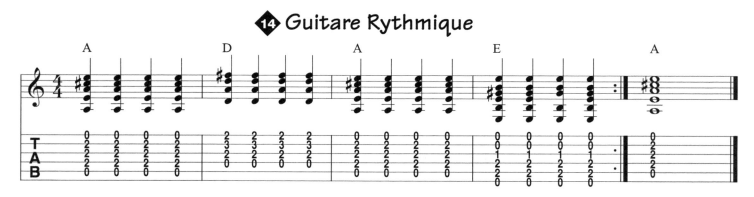

Vous voulez apprendre encore plus d'accords ?
Achetez **FastTrack**™ **Accords et Gammes pour Guitare**, un excellent supplément contenant plus de 1400 diagrammes d'accord et bien plus.

Quand vous jouez des accords, il est bon de varier votre rythmique. Mais n'allons pas trop vite – nous commencerons avec quelques rythmiques courantes (et faciles). Soyez attentif aux indications de sens d'attaque des cordes (⊓ et V).

Motif rythmique n° 1

Celui-ci marche avec presque n'importe quel tempo. Appliquez-le à la progression d'accords du morceau n° 15.

⑮ Accompagnement Aller-Retour

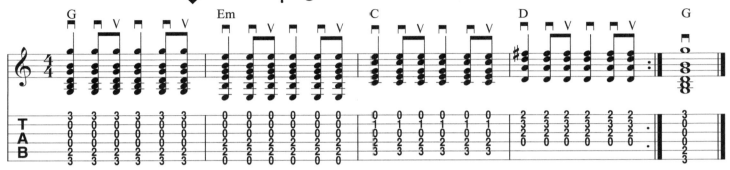

Motif rythmique n° 2

Essayez celui-ci avec un tempo modéré à rapide. Ecoutez le morceau n° 16 pour vous faire une idée.

⑯ Rock Acoustique

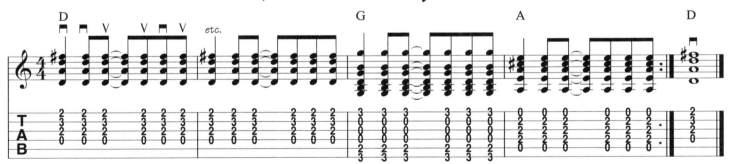

Motif rythmique n° 3

Celui-ci utilise des doubles-croches, alors faites attention en comptant. Un tempo lent comme celui du morceau n° 17 sera plus approprié.

⑰ Ballade Acoustique

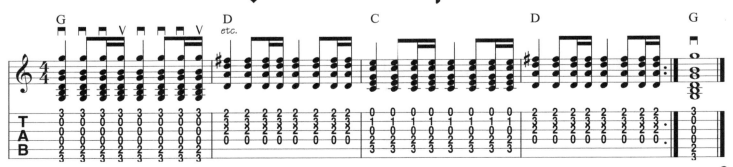

Motif rythmique n° 4

N'oublions pas la mesure à 3/4. Prenez votre médiator – les deux variations marchent.

18 1-2-3 Rythmique

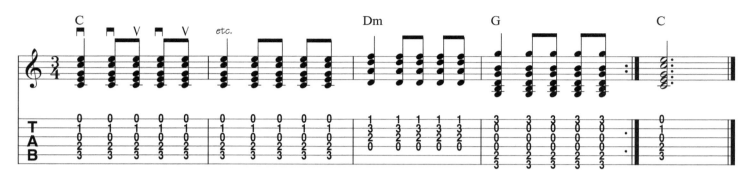

En mélangeant les ingrédients...

Remarquez comment le motif rythmique change dans l'exemple suivant. (Soyez attentif aux signes d'attaque des cordes.)

19 C'est c'que j'aime

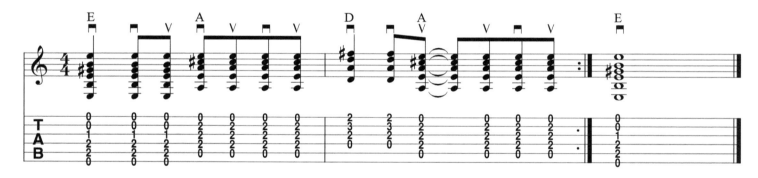

UNE AUTRE FAÇON D'ÉTOUFFER LES CORDES

Au lieu d'étouffer les cordes avec votre main droite, essayez simplement de **relâcher la pression de votre main gauche** tout en jouant les accords. Remarquez le son assourdi et percutant. Vous trouverez peut-être cette technique délicate au début, mais entraînez-vous avec patience.

REMARQUE : Le « X » que l'on trouve à la fois dans la notation et la TAB vous indique à quel moment étouffer les cordes.

20 Rythmique Étouffée

Maintenant que vous maîtrisez la rythmique, ajoutons un nouvel accord – Fa majeur. Nous vous avons répété inlassablement de garder vos doigts souples et pliés. Et bien il est temps de faire exception à la règle…

Nouvel Accord : F

F majeur emploie une nouvelle technique – le **barré**. Le barré consiste à aplatir le doigt spécifié sur plusieurs cordes à la fois.

 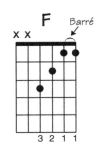

Couchez votre doigt 1 simultanément sur les cordes 1 et 2, puis amenez les doigts 2 et 3 sur leurs positions respectives.

ATTENTION : Veillez à appuyer fermement et uniformément avec votre doigt. Si l'accord ne sonne pas bien, jouez chacune des cordes une par une pour déterminer laquelle n'est pas barrée correctement.

21 Accompagnement Avec F

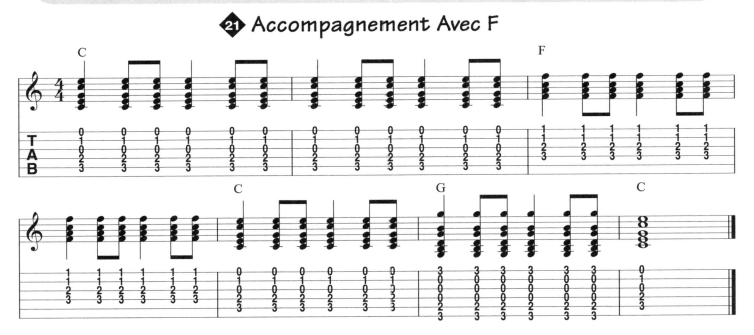

La technique du barré s'avérera très commode dans la suite de votre carrière de guitariste (surtout quand on arrivera à la Leçon 7), alors excercez-vous jusqu'à ce que cela devienne pratiquement une seconde nature.

22 Rock Mélancolique

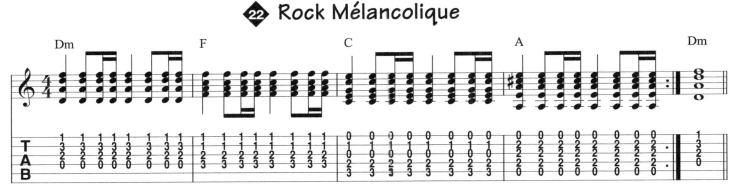

ACCOMPAGNER AVEC DES ARPÈGES...

Les guitaristes préfèrent souvent jouer des **arpèges** plutôt que des accords. Un arpège permet un accompagnement plus léger, ce qui va bien avec les ballades.

L'exemple suivant se sert de la même progression d'accords que le morceau n° 21 de la page précédente. Mais cette fois, utilisez des arpèges.

23 Tu Me Fends l'Accord

CONSEIL : Vous n'avez pas vraiment besoin de regarder la notation. Suivez simplement les symboles d'accord et jouez les cordes de l'accord une à une en montant puis en descendant.

Facile, non ? Mélangez maintenant arpèges et accords...

24 Hey, Jim

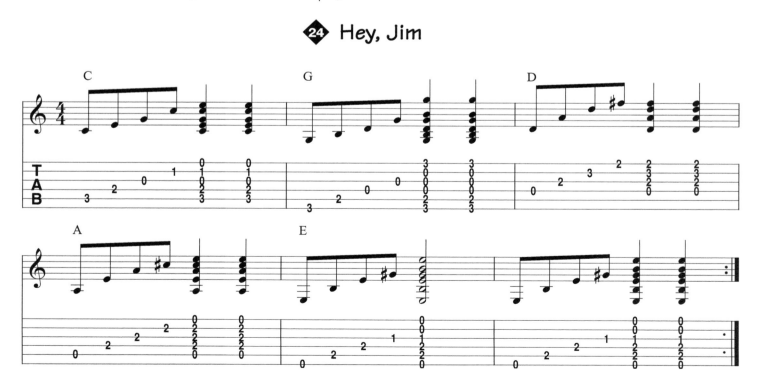

12

LEÇON 3
Retour aux origines...

Revoyons rapidement la position des notes apprises dans le Volume 1 (et ajoutons quelques touches de finition)...

Rappel de la Première Position

La partie du manche de la guitare comprise entre le sillet et la 4ème frette est appelée **première position**. Le diagramme et les portées qui figurent ci-dessous répertorient toutes les notes de cette zone du manche.

*cette note peut également être jouée sur la 3ème corde, 4ème case

IMPORTANT : Certaines notes peuvent avoir des noms différents mais occuper la même case (Fa♯ et Sol♭ par exemple). On les appelle des **notes enharmoniques**. On peut écrire indifféremment l'une ou l'autre.

Jouons quelques morceaux qui utilisent les notes de la première position...

◆25 Pole Position

Nous étions sûrs que vous travailleriez cette leçon comme un as, alors voici une récompense
– un nouveau type de rythme...

UN CONTRETEMPS QUI DURE...

Prenons quelques minutes pour apprendre l'un des concepts rythmiques les plus essentiels (et amusants) en musique...

La syncope

Une syncope relie deux notes semblables et revient à jouer ces notes « à contretemps ». Cela rend la musique moins prévisible (et plus efficace pour danser !). Ecoutez un exemple non-syncopé :

28 Pas Tout à Fait

Ecoutez maintenant le même exemple avec syncopes :

29 Ça y est

Le rythme est toujours là, mais « ça bouge » plus : le groove est renforcé.

Cette chansonnette de blues possède de nombreuses syncopes.

30 Blues Syncopé

15

La prochaine chanson a une **1ère** et une **2ème fin** (indiquée par des crochets et les chiffres
« 1 » et « 2 »). Jouez la chanson une fois jusqu'au signe de reprise (1ère fin), puis reprenez à
partir de la deuxième mesure. Au deuxième passage, sautez la 1ère fin et jouez la 2ème
(dernière) fin.

🔶31 The Entertainer

C'est le moment de faire une nouvelle pause. Trouvez une activité qui ne demande
pas de compter – comme remplir votre déclaration d'impôt par exemple ?!

LEÇON 4
Attendez la tonalité...

La tonalité d'une chanson est déterminée par la gamme utilisée pour créer cette chanson. Par exemple, une chanson basée sur la gamme de Do majeur est dite en tonalité de Do majeur. Étant donné qu'apprendre les tonalités requiert une bonne connaissance des gammes, tâchons d'en savoir plus à leur propos !

D'où viennent leurs noms ?

Deux choses déterminent le nom d'une gamme : sa **note fondamentale** (la note la plus basse, comme pour les power chords) et **l'ordre des tons et demi-tons** qu'elle suit. (RAPPEL : Il y a un demi-ton entre chaque case du manche de votre guitare.)

Voici un aperçu des deux gammes les plus importantes :

Modèle de Gamme Majeure

REMARQUE : La note fondamentale est ici un Do, il s'agit donc de la gamme de Do majeur.

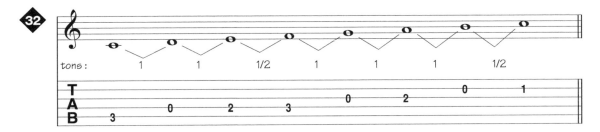

Modèle de Gamme Mineure

REMARQUE : Bien que la fondamentale soit la même (Do), l'ordre différent des tons en fait une gamme de Do mineur.

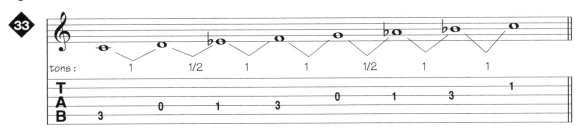

À L'OREILLE : Sans analyser la succession des tons, vous pouvez entendre la différence entre une gamme majeure et mineure. Comme pour les accords, une gamme majeure a une sonorité « joyeuse », une gamme mineure a une sonorité « triste ».

Dièses et bémols sont inévitables...

La plupart des gammes contiennent des dièses ou des bémols, en fonction de la note fondamentale employée. (Il y a deux exceptions : **Do majeur** et **La mineur** n'ont ni dièse ni bémol.) Comme tonalités et gammes sont liées, une tonalité aura le même nombre de dièses ou de bémols que la gamme correspondante.

À la clé...

On se sert d'une **armature** au début de chaque portée pour indiquer deux choses importantes :

 Les notes à jouer en dièse ou en bémol tout au long du morceau

 La tonalité du morceau

Par exemple, la tonalité de Sol contient un Fa♯, son armature aura donc un dièse sur la ligne Fa. Cela vous indique qu'il faut jouer chaque Fa comme un Fa♯ (à moins qu'il ne soit précédé d'un bécarre : ♮).

Voici quelques gammes et tonalités courantes...

Tonalité de Do

Basée sur la gamme de Do majeur, qui ne possède ni dièse ni bémol :

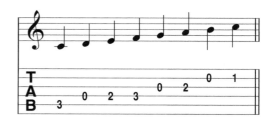

34 Le Long de la Voie Ferrée

REMARQUE : Comme la tonalité de Do majeur ne possède aucun dièse ou bémol, c'est comme si elle n'avait pas d'armature.

Tonalité de Sol

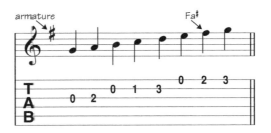

Basée sur la gamme de Sol majeur,
qui possède un dièse – Fa♯ :

❸❺ Adieux à la Jamaïque

Tonalité de Fa

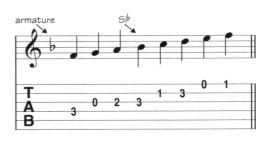

Basée (vous l'aviez deviné !) sur la gamme de Fa majeur,
qui possède un bémol – Si♭ :

❸❻ L'Amérique

Mettez en valeur votre connaissance toute fraîche des tonalités avec un nouveau type d'accord – un **accord de septième de dominante**.

Nouveaux Accords : Septièmes de Dominante

Il y a trois catégories d'accords : **majeur, mineur** et **septième de dominante**. Avec ces trois catégories, vous pouvez jouer pratiquement tous les morceaux pop et rock. Voici quelques accords « ouverts » de 7ème de dominante...

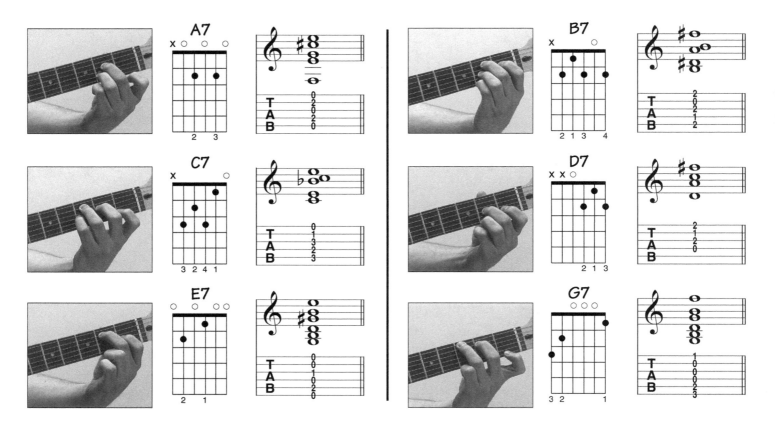

Le morceau n° 37 est une comparaison entre l'accord de Sol majeur et l'accord de Sol septième de dominante :

🔷37 G–G7

Avez-vous remarqué comme le son de G7 est « indécis » ? Un accord de dominante ajoute une sorte de « tension » musicale et pousse l'oreille à rechercher une forme de « soulagement ». Ce soulagement peut venir d'un accord majeur ou mineur joué à la suite de l'accord de dominante, comme dans les deux dernières mesures de l'exemple suivant :

🔷38 Septième Ciel

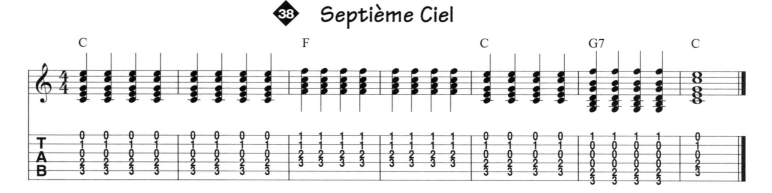

Ou bien vous pouvez jouer des chansons qui, en quelque sorte, vous « laissent sur votre faim » en ne désamorçant jamais la tension crée par les accords de septième de dominante :

39 Blues de Septièmes

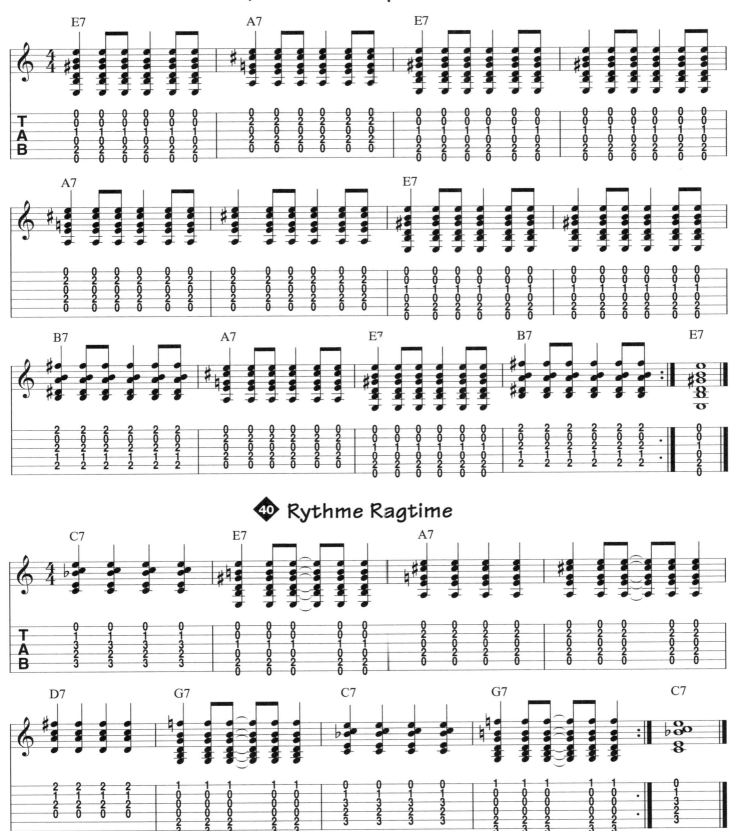

40 Rythme Ragtime

RAPPEL : Pour plus de gammes et d'accords de septième de dominante, achetez **FastTrack™ Accords et Gammes pour Guitare**. C'est un excellent supplément qui approfondit les notions que nous avons introduites dans cette Leçon.

LEÇON 5
Vous avez le blues...

Si vous n'avez jamais entendu parler du **blues**, alors où étiez-vous ? Le blues existe depuis des lustres et a été rendu célèbre par des mucisiens légendaires comme B.B. King, Eric Clapton et Muddy Waters. Le blues est amusant (et facile) à jouer.

Grille d'accords en 12 mesures

Les blues les plus typiques suivent une **grille d'accords en 12 mesures**. Cela ne veut pas dire que la chanson ne dure que douze mesures, mais qu'elle répète plusieurs fois des phrases (ou sections) de 12 mesures.

En général, les morceaux de blues n'utilisent que trois accords : les **premier**, **quatrième** et **cinquième** accords de la tonalité (indiqués par les chiffres romains I, IV et V). Pour trouver ces accords, numérotez la gamme à partir de la fondamentale de la tonalité :

Tonalité	Accord / Degré de la gamme							
	I			IV	V			
Blues en "Do"	C	D	E	F	G	A	B	C
Blues en "Fa"	F	G	A	Bb	C	D	E	F
Blues en "Sol"	G	A	B	C	D	E	F#	G
Blues en "Ré"	D	E	F#	G	A	B	C#	D

Sélectionnez la piste 41 et écoutez l'exemple suivant de blues en Sol sur 12 mesures. Jouez ensuite avec le audio.

🔷41 Blues en Sol

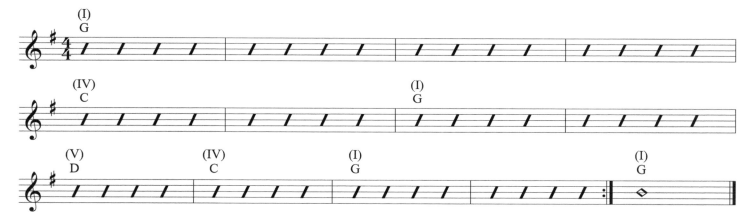

IMPORTANT : Notez le nombre de mesures durant lesquelles chaque accord est joué dans un blues à 12 mesures. Voici la progression d'accords la plus courante pour un blues en 12 mesures...

Accord		Mesures
I	=	quatre
IV	=	deux
I	=	deux
V	=	une
IV	=	une
I	=	deux

Un petit tour et puis revient...

Les deux dernières mesures d'une progression de blues en 12 mesures sont parfois appelées la **transition**, car elles préparent l'harmonie à un retour au début. Les musiciens varient souvent de transition, en se servant d'accords différents ou parfois même en composant un riff à cet effet.

Les transitions les plus courantes utilisent l'accord V dans la dernière mesure comme dans l'exemple ci-dessous :

42 Le Ciel Pleure

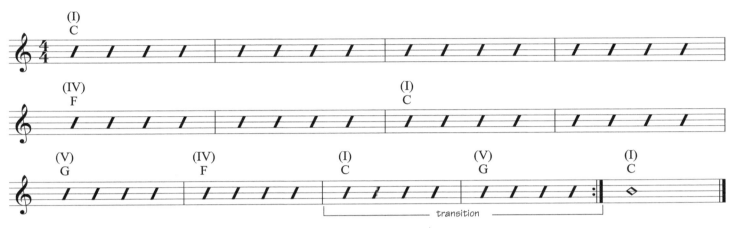

Les accords mineurs et de septième sont également très populaires dans les progressions de blues...

43 Blues Mineur

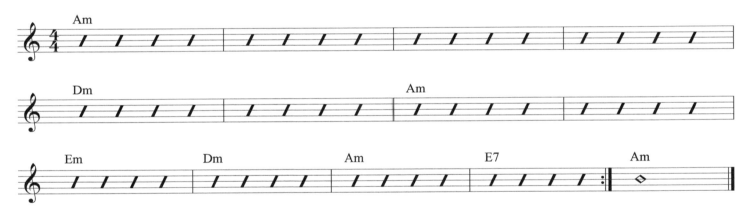

Une autre variation consiste à jouer l'accord IV dans la deuxième mesure. On appelle cela **un changement d'accords rapide** étant donné qu'on « change » pour le IV et qu'on revient rapidement au I à la mesure suivante.

44 Le Blues du Changement

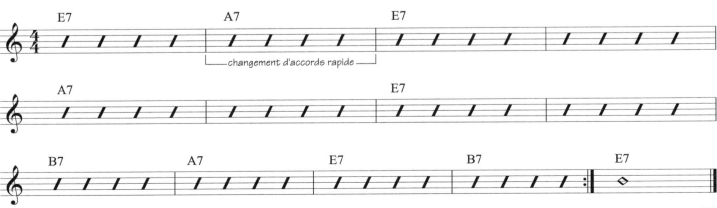

Le morceau n° 45 utilise un autre accompagnement rythmique de blues très répandu. Chuck Berry ainsi que d'autres pionniers du rock'n'roll se sont énormément servi de ce rythme en « va-et-vient ».

◆45 Rythme Rock'n'Roll

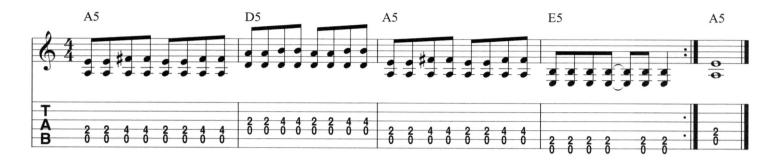

Ajoutez juste le petit doigt...

Le rythme que vous venez de jouer peut s'appliquer très facilement aux power chords. Jouez le power chord, puis gardez vos doigts dans la même position et ajoutez votre petit doigt deux frettes après votre doigt 3. Ça va tirer un peu, mais ça en vaut la peine.

UN BON TUYAU : Si vous éprouvez des difficultés à réaliser l'écartement des doigts nécéssaire, essayez de « casser » votre poignet autour du manche de la guitare, comme si votre montre pesait une tonne (photo ci-contre).

◆46 Un Petit Doigt de Rock

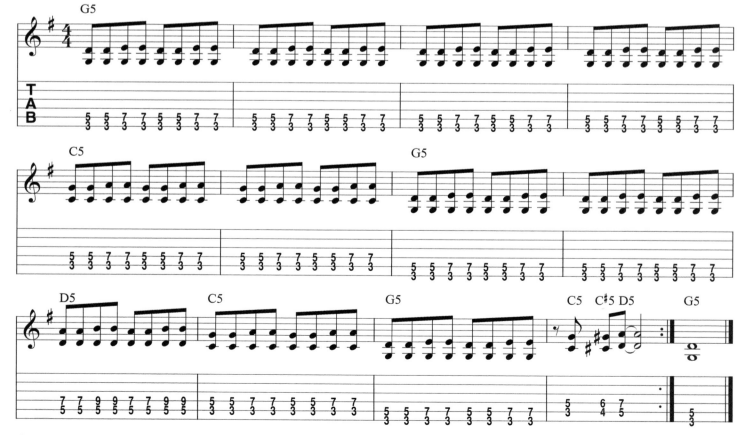

24

Si vous voulez donner un peu de piment à votre jam session de blues, essayez de faire un solo sur la section de douze mesures en vous servant des notes de la gamme blues.

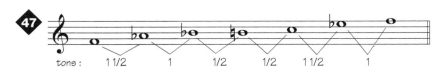
Gamme Blues

Cette gamme est populaire en rock, jazz et (vous vous en doutiez) en blues. Observez d'abord la succession des tons de cette gamme, puis apprenez les doigtés correspondants sur le manche.

Gamme Blues (Fa comme fondamentale)

Diagramme transposable

o = fondamentale

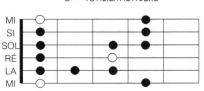

Comme pour les gammes majeures et mineures que vous avez apprises, le diagramme de la gamme blues peut être utilisé à partir de n'importe quelle note fondamentale. Apprenez ce diagramme par cœur et servez-vous en pour composer de super riffs et solos comme celui-ci :

48 Solo de Guitare

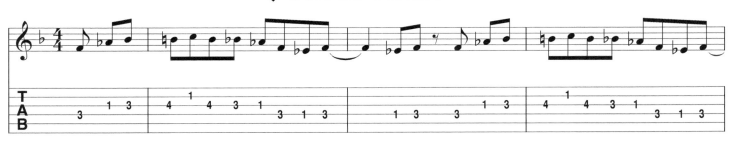

☞ Quand on joue du blues, presque toutes les notes sonnent bien, alors ne vous faites pas de soucis si vous jouez une fausse note ici ou là.

QUESTION DE FEELING...

L'**effet shuffle** (ou « shuffle feel ») est couramment utilisé en rock et en blues. Il utilise une nouvelle valeur rythmique appelée **triolet**.

Les triolets

Vous savez déjà que deux croches sont égales à une noire, et quatre croches à une blanche. Et bien devinez quoi ? Trois croches jouées sur la durée d'un temps (ou d'une noire) forment un **triolet de croches**.

Un triolet de croches est lié par une barre horizontale surmontée du chiffre 3 :

Pour compter un triolet, prononcez simplement le mot « tri-o-let » pendant un temps. Tapez la pulsation avec le pied et comptez à haute voix en écoutant le morceau n° 49 :

49 Tri-o-let

comptez : 1   2   Tri-o-let   4   Tri-o-let Tri-o-let 3   4   1   2   &   Tri-o-let 4

Voici un parfait exemple de triolets dans un morceau de musique classique bien connu. Continuez de taper du pied en écoutant et en lisant la chanson :

50 Jésus, Que Ma Joie Demeure

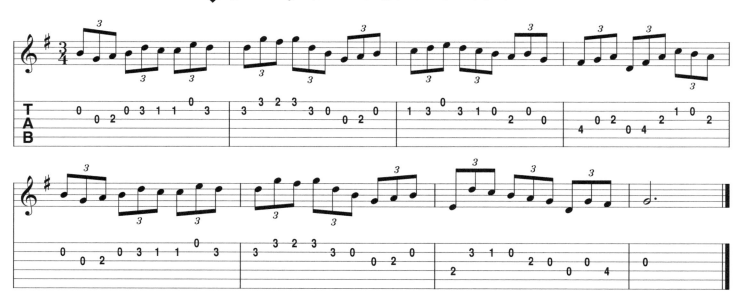

Jouez maintenant le morceau vous-même. Continuez de penser « tri-o-let, tri-o-let, tri-o-let » en tapant le rythme du pied...

> **V**ous pouvez également employer le mot « cho-co-lat » pour vous aider à compter les triolets. (Bien sûr, vous risquez d'avoir un petit creux après avoir compté pendant une longue chanson !)

Avançons de quelques siècles dans l'histoire de la musique et jouons des triolets dans un shuffle rock :

51 La Trinité du Rock

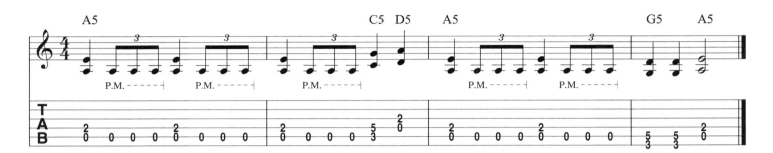

Les triolets peuvent également inclure des silences. Le plus courant est d'avoir un demi-soupir au milieu d'un triolet (entre deux croches) :

L'effet shuffle donne de l'entrain et de la vigueur au morceau en faisant « rebondir » le rythme. Une fois que vous l'aurez maîtrisé, vous ne l'oublierez plus...

53 À la Berry...

3/4, 4/4, 12/8 ?

Jusqu'à présent, vous avez joué avec un chiffrage dans lequel un temps valait une noire.
Il est temps de passer à autre chose (c'est bien de changer !) :

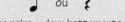

12 battements par mesure
une croche (1/8 de ronde) = un battement

Toutes les notes et tous les silences sont relatifs à la valeur d'une croche dans une mesure à 12/8 :

une croche = un battement   une noire = deux battements   une noire pointée = trois battements

En 12/8, une croche est égale à un battement et il y a douze battements par mesure. Mais la **pulsation** donne l'impression qu'il y a quatre temps par mesure. Ecoutez en comptant le morceau n° 54 pour mieux comprendre :

comptez :   1   2   3,   4   5   6   (7   8)   9,   10   11   12

Essayez maintenant quelques riffs avec votre nouvelle mesure…

55 Delta Blues

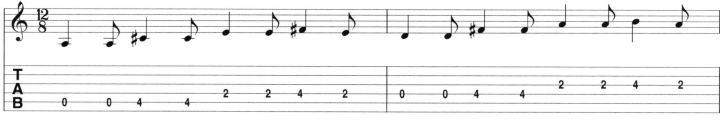

56 À la Berry en 12/8

 ÉCOUTEZ ET COMPAREZ : La sensation que donne le rythme du morceau n° 56 est la même que pour le morceau n° 53 (page précédente). Cela provient du fait que la mesure à 12/8 est divisée en groupes de trois croches, à l'instar des triolets de la mesure à 4/4.

LEÇON 6

Un peu plus haut...

Dans la Leçon 3, nous avons revu toutes les notes de la première position. Bien sûr, on ne peut pas jouer toutes les chansons sans jamais dépasser la 4ème case, alors apprenons quelques notes plus aiguës...

Cinquième Position

Mis à part les power chords, vous avez joué essentiellement sur les quatre premières cases. Pour jouer des notes au-delà de la quatrième case, il vous faut glisser jusqu'en **cinquième position**, ainsi nommée car vous allez sur la cinquième case.

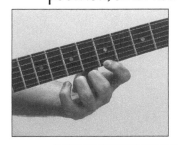

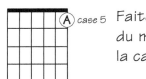 Ⓐ case 5 Faites glisser votre main le long du manche et posez le doigt 1 sur la case 5 pour jouer un La aigu.

> REMARQUE : Pour vous aider à trouver cette position rapidement, vous remarquerez qu'il y a une petite pastille de couleur claire au milieu de la case 5 sur le manche de votre guitare. C'est plus facile que de compter, n'est-ce pas ?

Prenez maintenant quelques minutes pour étudier le diagramme et l'exercice ci-dessous. Prenez le temps d'apprendre à localiser les notes tant sur le manche que sur la portée. (Dites à vos doigts ce que vous êtes en train de jouer – dites à voix haute le nom des notes au moment où vous les jouez.)

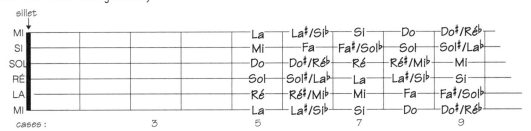

🎵57 Montée Chromatique en Cinquième Position

Pour vous faire la main dans cette nouvelle position, jouez quelques gammes...

◆58 Gamme de Do Majeur sur Deux Octaves

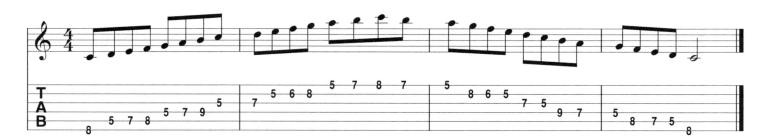

◆59 Gamme de La Mineur sur Deux Octaves

Les gammes sont de bons exercices, mais les riffs sonnent tellement bien à cet endroit du manche...

◆60 Water Chestnut

Dans le morceau suivant, vous jouez une corde à vide (Mi grave) pendant que votre main gauche reste en cinquième position pour le reste du riff :

◆61 Zodiak

Quand vous penserez connaître suffisamment les nouvelles notes, essayez quelques chansons. (IMPORTANT : Servez-vous exclusivement des notes de cinquième position – ne retournez pas en position ouverte pour ces chansons.)

62 Shenandoah

63 Oh, Susannah

Allez-y doucement et sans vous prendre la tête si vous ne voulez pas vous sentir frustré !

Savoir quand changer...

En règle générale, si vous allez jouer des notes aiguës pendant un moment, restez en cinquième position. Les changements de position superflus sont fatigants (pour vos doigts et pour celui qui écoute).

Si une chanson n'a pas de TAB vous montrant les positions adéquates pour la jouer, il est bon de la survoler avant et de marquer les endroits appropriés pour changer de position. Les musiciens emploient souvent des chiffres romains (I et V) pour marquer ces emplacements – en fait, nous faisons la même chose...

64 Arkansas Traveler

Les cordes grincent...

Vous entendez peut-être votre main faire crisser les cordes au moment où vous changez de position. Ne vous en inquiétez pas. En fait, vous remarquerez qu'on retrouve ce grincement de corde dans presque tous les enregistrements de guitare. (Mais n'attrapez pas d'ampoule – relâchez la pression de votre main gauche quand vous passez d'une position à une autre.)

 Faites une pause – appelez un ami et faites-lui apprendre un autre instrument de la série **FastTrack**™ . Mais ne composez pas le numéro trop vite... vous êtes supposé laisser vos doigts se reposer !

LEÇON 7
C'est pas le moment de vous barrer...

Vous vous souvenez de la technique du barré que nous avons apprise pour l'accord F à la page 11 ? Cette technique est très souvent utilisée. En fait, elle va vous permettre de créer des **accords barrés transposables**, afin que vous puissiez jouer à n'importe quel endroit du manche avec le même doigté.

Accords Barrés de Type « E »

Par définition, les accords barrés sont des accords pour lesquels un même doigt appuie sur deux cordes ou plus. En règle générale, il existe deux types d'accords barrés : ceux qui ont leur fondamentale sur la corde 6 et ceux qui ont leur fondamentale sur la corde 5. (Ça vous rappelle quelque chose ? Vous avez raison – c'est comme pour les power chords !)

Il y a trois étapes pour former un accord barré, alors restez dans le peloton...

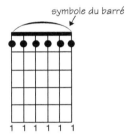

symbole du barré

1 1 1 1 1 1

1ÈRE ÉTAPE : Couchez le doigt 1 en travers des six cordes au niveau de la case 1. Grattez chaque corde et réajustez votre doigt jusqu'à ce que toutes les cordes sonnent clairement.

E

3 4 2

2ÈME ÉTAPE : Abandonnez le barré et placez les doigts 3, 4 et 2 en position pour jouer un accord de E. Plaquez cet accord ! (Oui, vous avez raison – normalement on se sert des doigts 1, 2 et 3 pour E, mais nous avons besoin du doigt 1 pour la prochaine étape.)

F

1 3 4 2 1 1

3ÈME ÉTAPE : Faites maintenant glisser ce doigté d'accord jusqu'à la case 3 et barrez la case 1 avec le doigt 1 (comme dans la 1ère étape). Grattez les six cordes. Ceci est un **accord barré de Fa Majeur.**

En substance, votre nouvel accord barré de Fa Majeur est un accord de Mi Majeur joué une case plus loin (car comme vous le savez, une case après le Mi [E] se trouve le Fa [F].) C'est pourquoi certains guitaristes appellent ce genre d'accords des **accords barrés de type « E ».**

> **V**ous avez besoin d'aide ?
> Courbez le doigt 1 légèrement sur le côté quand vous vous en servez pour barrer,
> comme le montre les photos ci-dessus.

☞

Testez votre nouvel accord barré avec le morceau n° 65 :

 Le Barre du Coin

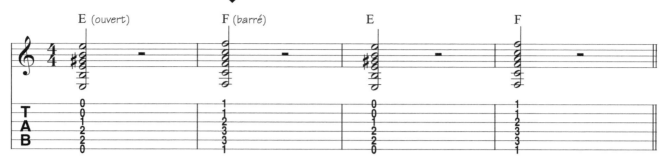

Accords Barrés de Type « Em »

Cette même technique du barré peut également servir pour des accords mineurs. Nous nous sommes servi du doigté de Mi Majeur pour l'accord barré majeur, donc nous allons nous servir du Mi mineur pour les barrés mineurs (logique, non ?). Comme le majeur, celui-ci a aussi sa fondamentale sur la corde 6…

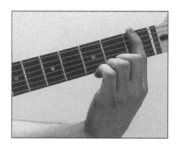

1ÈRE ÉTAPE : Comme précédemment, servez-vous du doigt 1 sur la case 1 pour barrer les six cordes.

Em

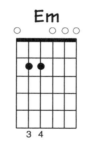

2ÈME ÉTAPE : Arrêtez de barrer et placez les doigts 3 et 4 en position pour jouer un accord ouvert de Em. Plaquez aussi cet accord !

Fm

3ÈME ÉTAPE : Faites glisser le doigté d'Em d'une case vers la droite et barrez la case 1. Grattez les six cordes et écoutez un **accord barré de FA mineur**.

Essayez maintenant d'alterner vos accords barrés majeurs et mineurs. C'est aussi facile que de soulever (ou d'ajouter) le doigt 2…

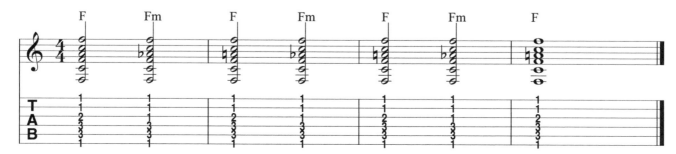 Tenez la Barre !

Balladons-nous sur le manche...

Nous avons dit que les accords barrés étaient **transposables**, vous vous rappelez ? Une case après Fa se trouve Fa♯, donc si on déplace un barré de type « E » ou « Em » d'une case vers la droite en partant du Fa (de manière à ce que le doigt 1 barre la case 2), on obtient un accord barré de Fa♯. Mais ne vous arrêtez pas là – continuez votre chemin vers les aigus et construisez des accords sur les fondamentales Sol, La♭, La, Si♭, etc.

Voici un plan de heavy-metal qui utilise votre doigté d'accord barré mineur, en commençant par Am (le doigt 1 barre la case 5)...

67 Barre-man

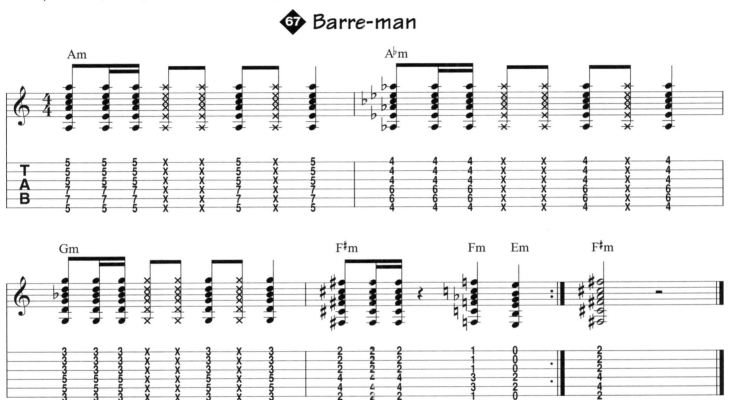

DÉPANNAGE
(Si vous êtes mal barré...)

Veillez à ce que chaque corde sonne distinctement. Pour vérifier par vous-même, jouez les différentes notes de l'accord une par une et identifiez la ou les cordes qui sont (accidentellement) étouffées. Si le son est « voilé », c'est habituellement dû à l'un des problèmes suivants :

 Vous n'appuyez pas suffisamment fort sur les cordes.
SOLUTION : Couplez la force de vos doigts à celle de votre pouce pour renforcer votre prise.

 Vous avez un doigt qui touche une corde voisine.
SOLUTION : Réajustez votre poignet en le tirant vers vous sous le manche afin de donner plus de courbure à vos doigts (tous sauf l'index).

De la même manière que vous avez converti les accords E et Em en accords barrés, transformez les accords A et Am...

Accords Barrés de Type « A »

Ce type de barré a sa fondamentale sur la corde 5 (donc ne jouez pas la corde 6).

Le doigté d'accord ouvert de A...   ...et le doigté d'accord barré qui en découle

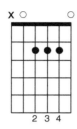

Au lieu de comprimer vos doigts pour les faire tenir sur la même case, faites simplement un autre barré **en pliant l'articulation** (aïe !) du doigt 3 de façon à ce que la dernière phalange appuie sur les cordes 2-4. (REMARQUE : Si vous éprouvez des difficultés à jouer la corde 1, oubliez-la et jouez simplement les cordes 5-2.)

La position risque d'être inconfortable au début, alors allez-y doucement — essayez d'abord de réussir le barré du doigt 3, puis ajoutez le doigt 1 quand vous vous sentirez plus à l'aise. (Hélas, on n'a rien sans rien !)

Accords Barrés de Type « Am »

Voici d'autres barrés ayant leur fondamentale sur la corde 5. Remarquez comme ils ressemblent aux barrés de type « E », à la différence près qu'ils se situent une corde plus bas.

Le doigté d'accord ouvert de Am...   ...et le doigté d'accord barré qui en découle

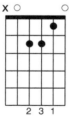
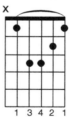

RELAX : Les accords barrés ne sont pas aussi simples ! Ils demandent parfois des semaines d'entraînement, alors soyez patient. Calmez-vous et continuez à les travailler.

Une case après le La se trouve le Si⁻, donc vos nouveaux accords barrés sont respectivement B⁻ et B⁻m. À vous de jouer...

68 Accords de Si Bémol

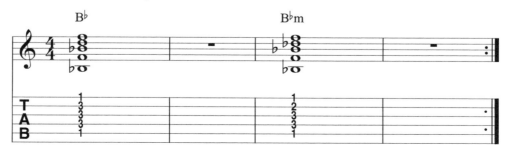

Voici un exercice qui combine les quatre types d'accord barré que vous venez d'apprendre. Allez-y doucement !

Type E

Type Em

Type A

Type Am

 Pilier de Barre

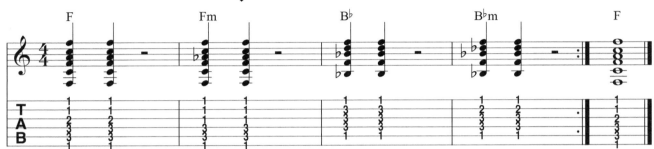

Continuez d'explorer le manche...

N'oubliez pas — l'intérêt des barrés est qu'ils peuvent être **transposés**. Promenez vos quatre doigtés à n'importe quel endroit du manche pour produire un nouvel accord à chaque nouvelle case.

IMPORTANT : Soyez particulièrement attentif à la corde (5 ou 6) sur laquelle se trouve la fondamentale, et à la qualité (majeur ou mineur) du type de barré utilisé.

? RÉCRÉATION : NOMMEZ CET ACCORD !

Servez-vous du schéma ci-après pour vous aider à repérer les fondamentales et donnez un nom à chacun des accords ci-cessous :

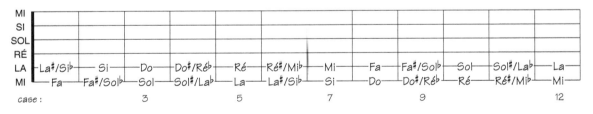

1. _____

2. _____

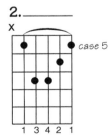

case 5

3. _____

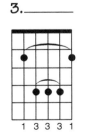

4. _____

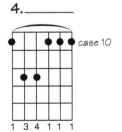

case 10

RÉPONSES : 1. G, 2. Dm, 3. B, 4. Dm

Vous avez été patient, alors voici deux pages pleines de chansons et de riffs contenant des accords barrés...

70 La Tension Monte

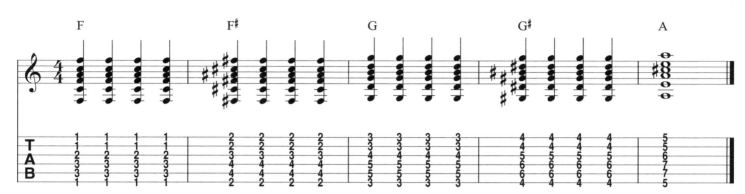

71 All Along the Sidewalk

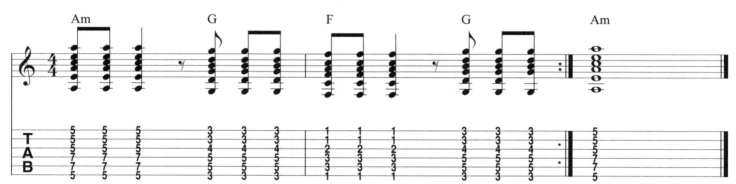

IMPORTANT : Quand vous jouez à différents endroits du manche, dites le nom de l'accord à voix haute. Vous commencerez ainsi à vous rappeler que tel accord réclame telle position sur le manche et que telle position produit tel accord.

72 Noix de Coco

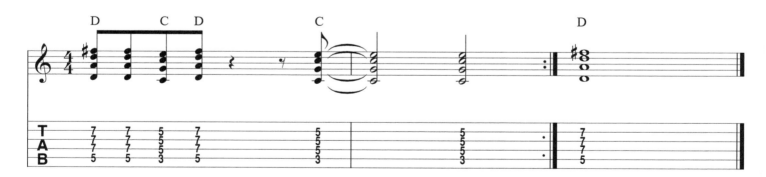

NE COMPTEZ PAS : Servez-vous des repères (pastilles claires sur le manche) pour vous aider à localiser rapidement les cases éloignées.

🔷73 À la Nuit Tombée

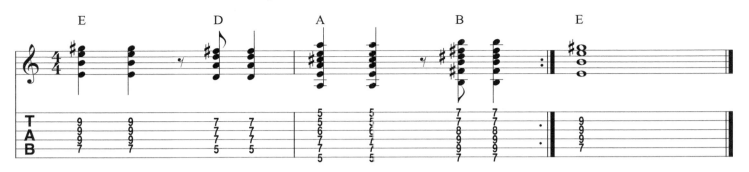

CONSEIL : Ne laissez pas les transpositions successives interférer avec la qualité du doigté des barrés. Réajustez immédiatement la pression du doigt qui barre après avoir fait glisser votre main le long du manche. Si l'accord sonne mal, appuyez un peu plus fort.

🔷74 Barrés Punk

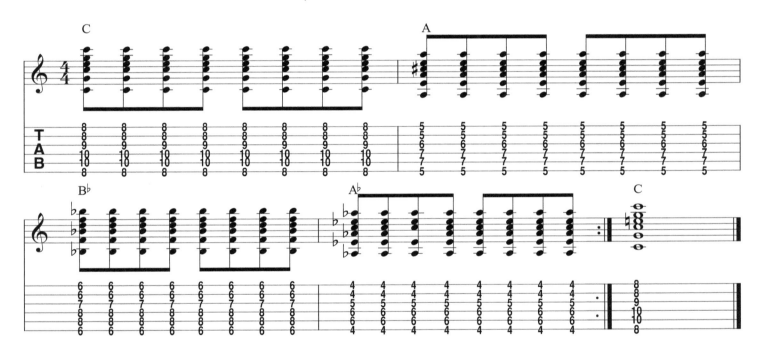

🔷75 Rêve

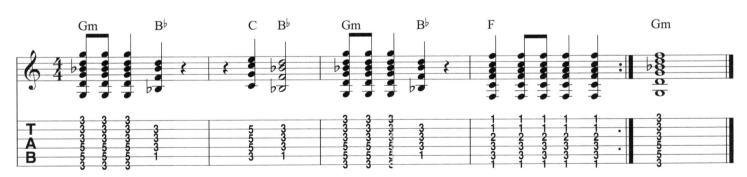

 C'est le moment de faire une nouvelle pause ! Vous l'avez méritée (tout comme vos pauvres doigts). Le tricot est une activité déconseillée pendant cette pause !

LEÇON 8
Développez votre style...

Vous avez été si patient pour apprendre vos accords, vos notes et vos gammes. Le moment est venu d'expérimenter et d'apprendre quelques « ficelles du métier » – quelques **techniques de liaison** dont vous avez probablement entendu parler mais que vous ne saviez pas comment jouer.

Les techniques de liaison (ou de « legato » si vous préférez l'italien) vous permettent de jouer plus qu'une note pour chaque coup de médiator. En d'autres termes, vous pourrez attaquer une fois la corde et « enchaîner » deux ou plusieurs notes pour obtenir un son coulant. Voici un florilège des techniques les plus courantes (et les plus coulantes !)...

Slide (ou glissé)

Cela ressemble à ça :

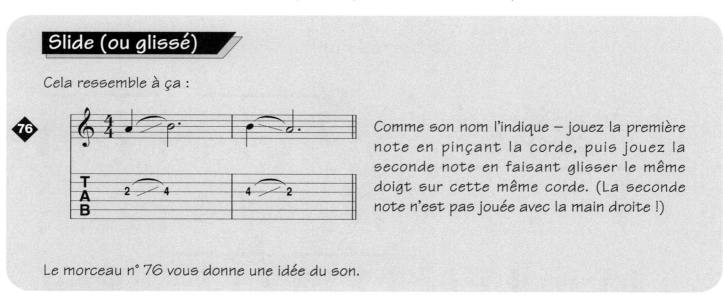

Comme son nom l'indique – jouez la première note en pinçant la corde, puis jouez la seconde note en faisant glisser le même doigt sur cette même corde. (La seconde note n'est pas jouée avec la main droite !)

Le morceau n° 76 vous donne une idée du son.

Essayez maintenant des slides dans quelques riffs...

77 Va-et-Vient

78 Accords Glissés

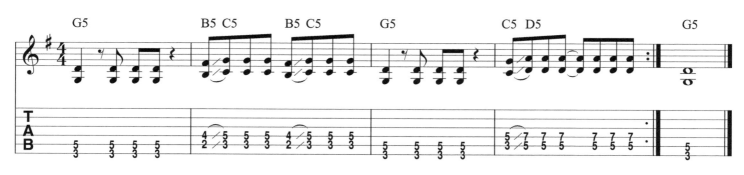

Cela va prendre un peu de temps pour attraper le coup, alors ne soyez pas trop dur avec vous-même.

Hammer-on

Cela ressemble à ça :

« Hammer-on » signifie « donner un coup de marteau sur » : la première note est pincée et on se sert ensuite d'un autre doigt comme d'un marteau pour appuyer sur la seconde note (plus aiguë), toujours sur la même corde.

REMARQUE : Vous ne pouvez utiliser la technique du hammer-on que d'une note basse vers une note plus aiguë.

CONSEIL : Si vous cognez trop fort, vous allez avoir mal au bout des doigts ; si vous ne martelez pas assez fort, vous n'entendrez rien. Entraînez-vous jusqu'à ce que vous ayez pris le coup de main.

80 Effroyable

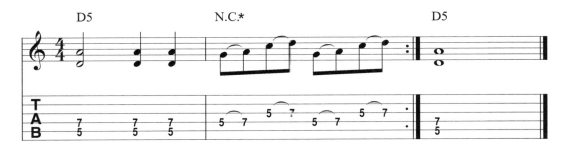

Pull-off

Cela ressemble à ça :

C'est l'inverse du hammer-on et on peut le traduire par « retirer de » : commencez avec vos deux doigts sur leurs notes respectives, pincez la corde et retirez votre doigt de la note la plus aiguë pour entendre la note plus basse (sur la même corde).

Mettez ça en pratique dans ce court riff...

82 Posez et Soulevez

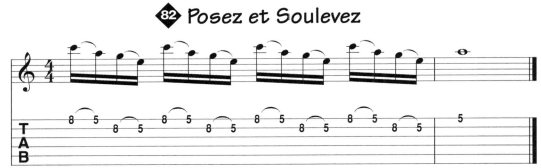

*N.C.= "No Chord" = Ne jouez pas d'accord

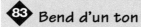

Bend

Il consiste à tirer ou à tordre une corde pour élever la hauteur d'une note. En général, on utilise le bend sur les trois premières cordes, en poussant la corde vers le haut.

La plupart des bends appartiennent à une de ces deux catégories :

83 Bend d'un ton

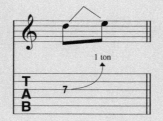

Jouez le Ré sur la corde 3 (case 7) et tendez la corde en la poussant vers le haut pour atteindre la hauteur de son voulue, dans ce cas le Mi qui se trouve un ton plus haut. (Pour contrôler, jouez ce Mi à la case 9.)

84 Bend d'un demi-ton

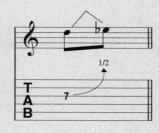

Jouez à nouveau le Ré sur la corde 3 et poussez la corde un peu moins haut cette fois pour atteindre la hauteur de son voulue – le Mi⁻ qui se trouve un demi-ton plus haut (case 8 pour contrôler)

CONSEIL : N'utilisez pas seulement le doigt 3 pour vos bends. Aidez-vous des doigts 1 et 2. On appelle cela un **bend renforcé**. Pour plus de puissance, augmentez l'effet de levier en appuyant vers le bas avec le pouce à l'arrière du manche.

85 Tordant

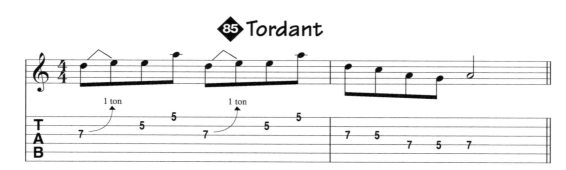

Vous pouvez aussi faire un bend « en redescendant » pour ramener la note à sa hauteur normale. Tordez simplement la corde puis relâchez progressivement la pression. Cool, non ?

86 Aller-Retour

Ne tordez pas trop la corde ou vous allez devoir en acheter une autre.

LEÇON 9
Démarrez votre propre groupe...

Comme dans le volume 1, ce dernier chapitre n'est pas une leçon... c'est votre jam session !

Tous les livres **FastTrack**™ (Guitare, Clavier, Saxophone, Basse et Batterie) ont la même dernière section. De cette manière, vous pouvez soit jouer seul avec l'accompagnement du **audio**, soit former un groupe avec vos amis.

Maintenant, que le groupe soit sur **audio** ou dans votre garage, que le spectacle commence...

D Refrain

E Break de batterie

jouez 3 fois

F Refrain final

jouez 4 fois

89 **90** Basement Jam

groupe au complet *sans la guitare*

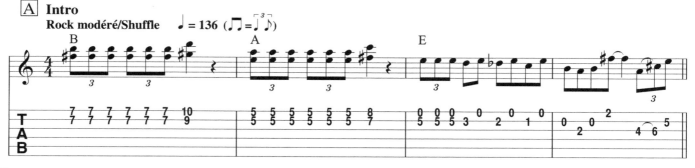

A Intro

Rock modéré/Shuffle ♩ = 136 (♫ = ♪)

B Mélodie

Dim the Lights

Nous serions tristes d'apprendre que c'est notre dernier moment passé ensemble, alors rendez-vous dans le deuxième Songbook **FastTrack**™ pour Guitare.

UN CADEAU D'ADIEU

(...c'est le moins qu'on puisse faire !)

Nous espérons que vous allez vous servir de ce livre tout entier comme d'une référence, mais comme c'est maintenant devenu la tradition, voici l'antisèche qui récapitule tous les accords que vous avez appris. N'oubliez pas de vous entraîner régulièrement à les jouer !

Les Notes de la Cinquième Position

Les Accords et leurs Doigtés

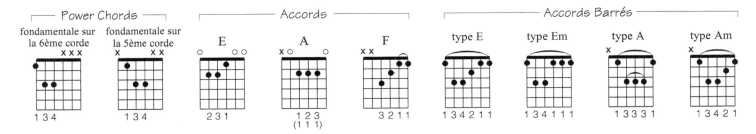

Et maintenant ?

Vous commencez déjà à maîtriser votre guitare, mais comment aller de l'avant ?

1. **Répéter, répéter... toujours répéter.** Continuez d'apprendre en vous exerçant tous les jours.

2. **Achetez FastTrack™ Guitar Songbooks 1 & 2,** contenant les partitions des tubes d'Eric Clapton, Elton John, The Beatles, Jerry Lee Lewis, etc.

3. **Achetez FastTrack™ Accords et Gammes pour Guitare,** un excellent livre de référence avec plus de 1 400 accords et doigtés pour guitare, les modèles pour 8 gammes et 7 modes, et une « Jam Session » spéciale avec des progressions d'accords courantes.

4. **Faites-vous plaisir.** Si vous ne vous faites pas plaisir en jouant, il n'y a pas de raison de continuer.

À bientôt...

INDEX DES CHANSONS
(… il en faut bien un !)